PREFACIO

Hace millones de años, los mamuts se alzaban como
los auténticos reyes de la Tierra. Estos animales
impresionantes recorrían un mundo repleto de maravillas,
muy diferente del nuestro. Sus huellas, que han resistido
el paso del tiempo, nos invitan a adentrarnos en su reino
y descubrir los secretos que ocultaban.

Este libro es un pasaporte al pasado, un viaje
extraordinario al corazón de la existencia de los mamuts
y sus parientes. A través de estas páginas, exploraremos
praderas verdes y desiertos helados, descubriendo
las adaptaciones que les permitieron reinar sobre la Tierra.

Nos espera una aventura apasionante en la que
desvelaremos por qué se extinguieron los mamuts,
cómo era su día a día y el lazo especial que los une con
los elefantes actuales.

Si te apetece explorar un mundo perdido y revivir
la grandeza de estos gigantes,
has encontrado tu nuevo libro favorito.
Bienvenido al MAGNÍFICO LIBRO DE LOS MAMUTS.

Textos: Manuela Román
Ilustraciones: Pippa Boom
Diseño y maquetación: Magela Ronda
Preimpresión: Natalia Rodríguez

© SUSAETA EDICIONES S.A.
C/ Campezo, 13 - 28022 Madrid
Tel.: 91 3009100
www.susaeta.com

EL
MAGNÍFICO
Libro
DE LOS
MAMUTS

TEXTOS: MANUELA ROMÁN
ILUSTRACIONES: PIPPA BOOM

susaeta

ÍNDICE

Los proboscidios. Un viaje ancestral

Hace mucho, mucho tiempo, antes de que los humanos domináramos la Tierra, nuestro planeta estaba poblado por animales tan grandes que hoy en día nos parecerían salidos de un relato de ciencia ficción. Pero ¿sabías que estas criaturas realmente existieron? ¡Eran los *proboscidios*!

Los proboscidios son un grupo fascinante de mamíferos conocidos por tener un rasgo especial: una larga probóscide o trompa. Los elefantes de hoy son solo una parte de la gran familia de los proboscidios, que incluía muchas especies diferentes, cada una con adaptaciones únicas a su entorno.

Todo comenzó en África, donde los primeros proboscidios pisaron la tierra. A lo largo de millones de años, viajaron a través de los continentes y se enfrentaron a un clima en constante cambio, evolucionando en formas que desafían la imaginación.

Las grandes eras de la Tierra

Era Precámbrica.

Comenzó hace
4500 millones de años.

La Tierra era joven, pero no estaba vacía: las primeras formas de vida, diminutas y simples, comenzaron el gran viaje de la vida en nuestro planeta.

Era Paleozoica.

Desde hace 540 hasta hace 252 millones de años.

Aparece la vida en los mares y la Tierra se llena de color con las primeras plantas grandes. Es la época de los anfibios y los reptiles.

Era Mesozoica.

Desde hace 252 hasta hace 66 millones de años

Conocida como «la Era de los Dinosaurios». Estas criaturas enormes y asombrosas dominaron la Tierra durante millones de años hasta su extinción.

Era Cenozoica.

Desde hace 66 millones de años hasta el presente

Comienza la historia de los mamuts. Los mamíferos, incluidos los humanos, se convirtieron en los grandes protagonistas de la Tierra.

En el frío mundo de la era Cenozoica, los mamuts se destacaron por su tamaño colosal y su capacidad para soportar temperaturas extremas, gracias a su grueso pelaje y a una vida social que les ayudaba a sobrevivir en la *Edad de Hielo*.

Mamuts y mastodontes

Los proboscidios son un orden de mamíferos en el que se encuentran los elefantes actuales y sus parientes ya extinguidos, los mamuts y los mastodontes. Dentro del orden de los proboscidios, las familias *Elephantidae* y *Mammutidae* son dos ramas distintas. Los mamuts pertenecen a la familia Elephantidae, que también incluye a los elefantes africanos y asiáticos modernos. Los mastodontes forman su propia familia, llamada Mammutidae.

Mamuts

Los mamuts, un poco *más grandes* que los mastodontes, se caracterizaban por tener unos hombros altos, las patas largas y una cabeza prominente, alcanzando los cuatro metros de altura a la cruz. Su cráneo era alargado, con colmillos curvos y molares adaptados para triturar vegetación. La palabra «*mamut*» proviene de la palabra bielorrusa «mamath» que significa «cuernos de la tierra», en referencia a los colmillos de los mamuts lanudos, que a veces se encuentran sobresaliendo en el suelo congelado de Siberia.

Mastodontes

Los mastodontes generalmente eran *más pequeños que los mamuts*, tenían las piernas más cortas y el cuerpo robusto, con una altura de alrededor de tres metros. Los mastodontes tenían la cabeza más aplanada y los colmillos más rectos. Sus molares más especializados les permitían destruir ramas y hojas además de hierba. Esto sugiere una dieta más variada y un estilo de vida menos nómada en comparación con los mamuts. La palabra «*mastodonte*» proviene del griego y significa «dientes como pechos» por la forma redondeada de sus muelas que recuerda al pecho de mujer.

MAMUTS FRENTE A MASTODONTES

Orden: Proboscidea	Familia: Elephantidae (Mamuts)	Familia: Mammutidae (Mastodontes)
Ejemplos de especies	Mamut lanudo (*Mammuthus primigenius*)	Mastodonte americano (*Mammut americanum*)
Época	Plioceno a Holoceno	Mioceno a Pleistoceno
Dieta	Principalmente hierbas	Hojas, ramas y pastos
Hábitat	Ecosistemas fríos, tundra y estepa	Bosques y zonas abiertas
Colmillos	Largos y curvados	Más rectos y cortos
Significado del nombre	«Cuernos de la tierra»	«Dientes como pechos»
Características físicas	Generalmente más grandes, con una joroba de grasa en la espalda, pelaje grueso y largo para soportar el frío	Cuerpo más robusto, con pelaje menos denso y dientes molares con cúspides elevadas adaptados para triturar vegetación más dura

Las edades de la Tierra

La Tierra, nuestro maravilloso planeta, tiene una historia tan larga y fascinante que los geólogos la han organizado en *divisiones de tiempo* llamadas eones, eras, periodos, épocas y edades para así poder estudiarla y comprenderla mejor. Cada uno de estos intervalos es como un capítulo en el gran libro de la Tierra, y cada capítulo cuenta una historia diferente con sus propios personajes y escenarios.

El *Titanis Walleri*, un imponente pájaro prehistórico, vagaba por lo que hoy es Norteamérica durante el Cenozoico. Aunque no podía volar, sus grandes dimensiones y fuertes patas sugieren que era un temible cazador en sus llanuras.

Los *mamuts* fueron los grandes protagonistas del Pleistoceno, una era marcada por el vaivén de *glaciares gigantes* y la aparición de muchas formas de vida que hoy nos parecerían sorprendentes, entre ellas nuestros amigos los mamuts, que caminaban majestuosamente por la tundra y las estepas del planeta.

El *Teratornis merriami* era una impresionante ave prehistórica. Vivió en Norteamérica y destacaba por su envergadura de más de 3,5 metros. Era un maestro del vuelo, especializado en la caza de presas tanto en el aire como en tierra.

Periodo - Paleógeno

Época - Paleoceno

❋ Duración: 66-56 millones de años
❋ Clima: Cálido y húmedo
❋ Vida animal:
  – Desarrollo de mamíferos primitivos.
  – Aparición de los primeros primates.
❋ Vida vegetal:
  – Emergen plantas con flores.

Época - Eoceno

❋ Duración: 56-33.9 millones de años
❋ Clima: Cálido, empieza el enfriamiento
❋ Vida animal:
  – Los mamíferos evolucionan hacia formas moderna
❋ Vida vegetal:
  – Bosques y flores

Época - Oligoceno

❋ Duración: 33.9-23 millones de años
❋ Clima: Más frío, glaciares antárticos
❋ Vida animal:
  – Continúa la evolución hacia formas más modernas de mamíferos
❋ Vida vegetal:
  – Se extienden los pastos y los árboles

Periodo - Neógeno

Época - Mioceno

❋ Duración: 23-5.3 millones de años
❋ Clima: Empieza cálido, se enfría progresivamente
❋ Vida animal:
  – Aparición de los antepasados de los elefantes
❋ Vida vegetal:
  – Proliferación de plantas herbáceas

Época - Plioceno

❋ Duración: 5.3-2.6 millones de años
❋ Clima: Continúa el enfriamiento, primeras glaciaciones en el hemisferio norte
❋ Vida animal:
  – Aparición de los primeros homínidos
  – Expansión de mamíferos y aves
  – Aparecen los mamuts
❋ Vida vegetal:
  – Bosques, tundra y pastizales

Periodo - Cuaternario

Época - Pleistoceno

❋ Duración: 2.6 mill. de años-11.700 años
❋ Clima: Periodos glaciales e interglaciares
❋ Vida animal:
  – Comienza la extinción de la megafauna, incluidos mamuts y mastodontes
❋ Vida vegetal:
  – Avance de la tundra: musgos y líquenes

Época - Holoceno

❋ Duración: 11.700 años-actualidad
❋ Clima: Clima relativamente estable con variaciones menores
❋ Vida animal:
  – Fin de la última Edad de Hielo
  – Desarrollo de la civilización humana
❋ Vida vegetal:
  – Ecosistemas similares a los modernos

Los mamuts vivieron durante esta época, adaptándose a los cambios climáticos.

Fin de la era de los mamuts: los últimos vivieron al principio de esta época.

Un mundo helado: el hábitat de los mamuts

Los mamuts vivieron en una época conocida como la *Edad de Hielo*, un periodo en la historia de la Tierra protagonizado por temperaturas frías y glaciaciones. Imagina un invierno que dura miles de años y en el que enormes capas de hielo cubren muchas partes del planeta. *¡Eso fue la Edad de Hielo!*

Cuando la última *glaciación* llegó a su fin, el hielo se derritió, los ríos volvieron a fluir y el mundo que conocemos hoy comenzó a tomar forma. Los mamuts y muchos otros animales de la *Edad de Hielo* desaparecieron, pero dejaron tras de sí una leyenda que continúa fascinándonos.

Los *humanos* también estaban allí. Con pieles y fuego, los primeros humanos encontraron formas ingeniosas de conservar el calor. Cazaban a los grandes animales de la Edad de Hielo.

Durante la **Edad de Hielo**, el planeta pasó por varias glaciaciones, que son como grandes olas de frío que traen consigo hielo y nieve. Cada una de estas olas podía durar **miles de años** y transformaba paisajes enteros, que se convertían en el hogar de animales como los mamuts, que adoraban el frío.

A pesar del *frío extremo* la vida no se detenía. Los mamuts, junto con otros animales como los **tigres dientes de sable** y los **perezosos gigantes**, se paseaban por lo que parecían desiertos blancos, buscando comida y sobreviviendo en un mundo donde reinaba la nieve.

Los gigantes de la Edad de Hielo

En la *Edad de Hielo*, los mamuts caminaban como colosos de la naturaleza. Pertenecientes a la extensa familia de los proboscidios, estos mamíferos compartían un linaje común con los elefantes modernos. Su tamaño era monumental y estaban equipados para vivir en las zonas frías del planeta, donde las temperaturas a menudo caían muy por debajo de cero.

Hábitats diversos

Aunque asociamos a los mamuts con el hielo, habitaban varios tipos de ambientes. Su territorio se extendía desde las tundras frías hasta los bosques y praderas, donde la comida era abundante.

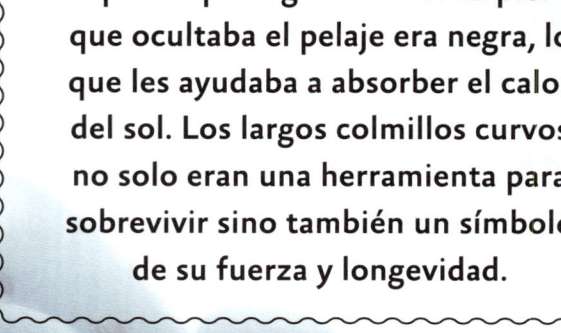

Los mamuts tenían un *cuerpo enorme y robusto*, con una capa de pelo grueso que les protegía del frío. La piel que ocultaba el pelaje era negra, lo que les ayudaba a absorber el calor del sol. Los largos colmillos curvos no solo eran una herramienta para sobrevivir sino también un símbolo de su fuerza y longevidad.

🐘 Ecosistema

Los mamuts jugaban un papel crucial en su ecosistema. Ayudaban al mantenimiento de los pastizales al desintegrar el musgo y derribar los árboles. Además, fertilizaban el suelo con sus excrementos y, al caminar, dispersaban semillas que contribuían al crecimiento de nuevas plantas.

Proboscidios 🐘

🐘 Comportamiento social

Los mamuts eran animales sociales que vivían en grupos liderados por una hembra. Este comportamiento les permitía protegerse de depredadores como el *tigre dientes de sable (Smilodon)* y cuidar mejor de sus crías. Se comunicaban entre sí mediante sonidos graves que podían viajar largas distancias.

Anatomía de un gigante. El mamut por dentro

El cuerpo del mamut era una obra maestra evolutiva, perfectamente preparado para *resistir las condiciones más extremas* de la Edad de Hielo, desde intensas tormentas de nieve hasta temperaturas que podían congelar cualquier otro tipo de sangre que no estuviera adaptada.

El corazón y los órganos internos

Para mantener su enorme cuerpo en funcionamiento, el mamut tenía un *corazón* que latía con fuerza para bombear sangre rica en oxígeno a cada célula. Sus *pulmones, estómago e intestinos* eran enormes a fin de absorber suficiente oxígeno y procesar la gran cantidad de alimento que necesitaban diariamente.

Orejas

Los mamuts que vivían en zonas heladas tenían las orejas más pequeñas que, por ejemplo, los elefantes asiáticos. Esta adaptación les ayudaba a conservar el calor corporal pues, al ser más pequeñas, exponían menos área al frío.

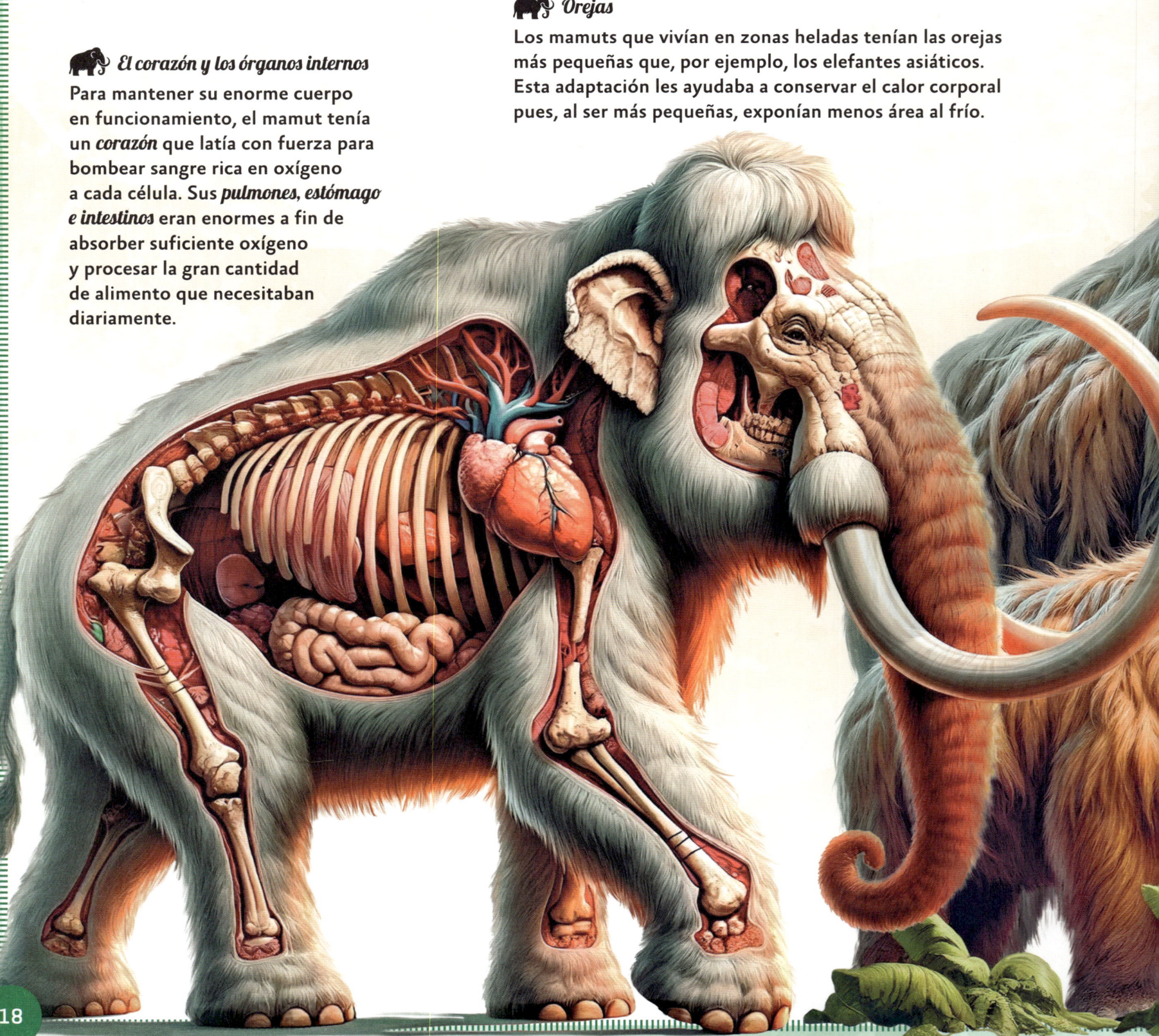

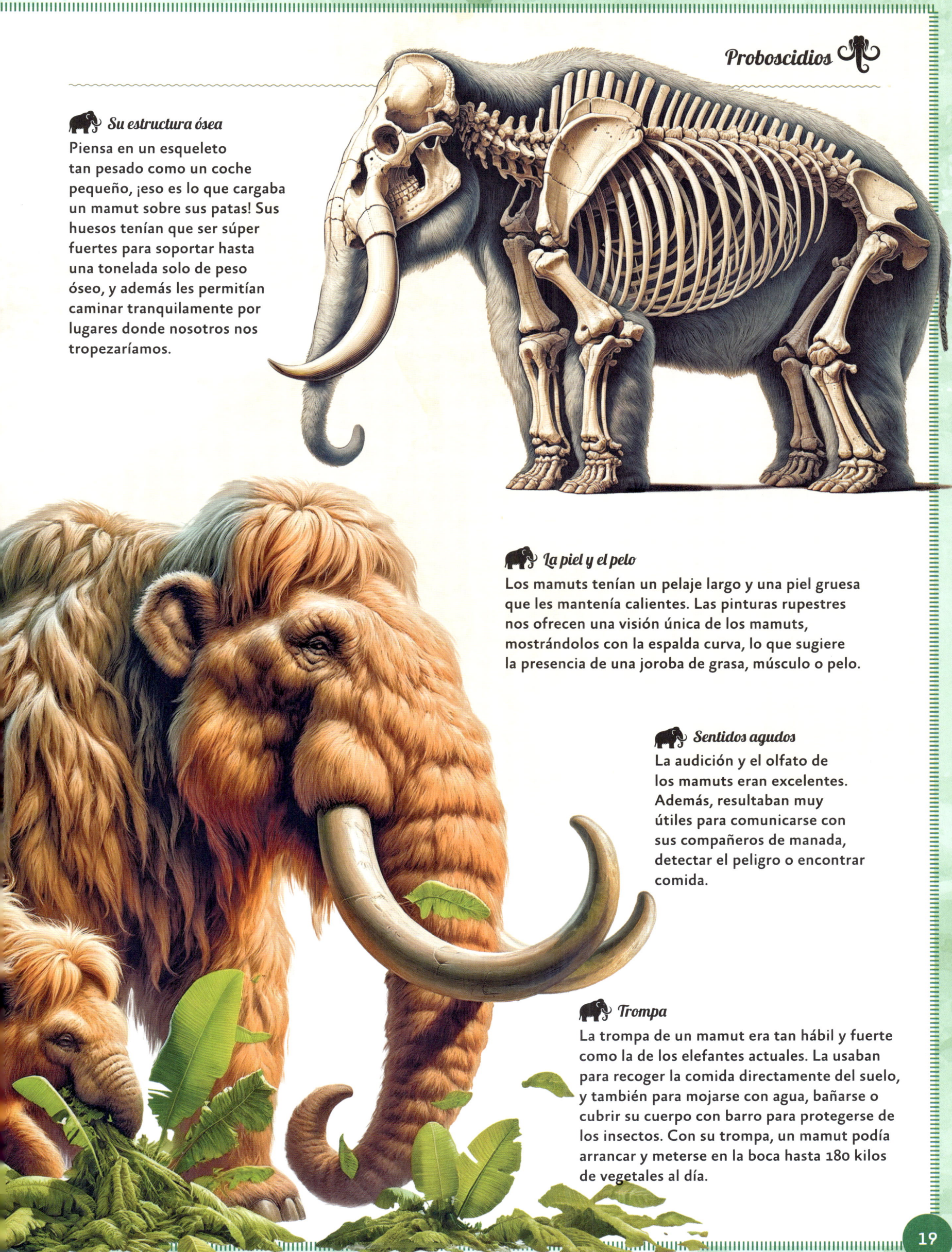

Su estructura ósea

Piensa en un esqueleto tan pesado como un coche pequeño, ¡eso es lo que cargaba un mamut sobre sus patas! Sus huesos tenían que ser súper fuertes para soportar hasta una tonelada solo de peso óseo, y además les permitían caminar tranquilamente por lugares donde nosotros nos tropezaríamos.

La piel y el pelo

Los mamuts tenían un pelaje largo y una piel gruesa que les mantenía calientes. Las pinturas rupestres nos ofrecen una visión única de los mamuts, mostrándolos con la espalda curva, lo que sugiere la presencia de una joroba de grasa, músculo o pelo.

Sentidos agudos

La audición y el olfato de los mamuts eran excelentes. Además, resultaban muy útiles para comunicarse con sus compañeros de manada, detectar el peligro o encontrar comida.

Trompa

La trompa de un mamut era tan hábil y fuerte como la de los elefantes actuales. La usaban para recoger la comida directamente del suelo, y también para mojarse con agua, bañarse o cubrir su cuerpo con barro para protegerse de los insectos. Con su trompa, un mamut podía arrancar y meterse en la boca hasta 180 kilos de vegetales al día.

Dientes y colmillos

Los mamuts no solo eran imponentes por su tamaño, sino también por las herramientas naturales que poseían: *sus dientes y colmillos*. Estos no solo les ayudaban a comer, sino que eran esenciales para la supervivencia de estos gigantes de la Edad de Hielo.

Los *dientes de mamut* son como cápsulas del tiempo que nos cuentan historias de hace miles de años. Gracias a ellos sabemos cuántos años vivieron, qué comían y cómo era su salud. Cada molar es un pequeño tesoro que nos da pistas sobre cómo era su mundo.

Los mamuts podían *cambiar* sus molares viejos hasta seis veces. Siempre tenían un juego de dientes listo para seguir comiendo y disfrutando de su comida durante su larguísima vida.

Los molares de los mamuts eran como su propia fábrica de *triturar plantas*. Cada molar era enorme, fuerte y listo para machacar la comida por dura que fuera. Y lo mejor es que cuando un molar se desgastaba, ¡ya tenían otro listo para salir!

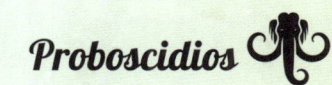

Los colmillos de los mamuts se llaman *defensas* y eran más que simples adornos. Servían para manipular objetos, cavar en la nieve en busca de alimentos y para impresionar a posibles parejas. Además, los utilizaban como arma de defensa para protegerse y hacerse respetar por otros mamuts.

Pies y pisadas

Los pies de los mamuts estaban tan bien adaptados a su entorno como su grueso pelaje. Estas extremidades no solo soportaban el peso de estos gigantes prehistóricos sino que también les permitían caminar por la *tundra congelada y la nieve profunda* sin hundirse.

Los mamuts influían en su entorno natural de manera significativa. A medida que andaban, sus grandes pies *aplastaban la vegetación* y removían el suelo, lo que podía llegar a cambiar la forma del paisaje, creando nuevos caminos tanto para los cursos de agua como para otros animales.

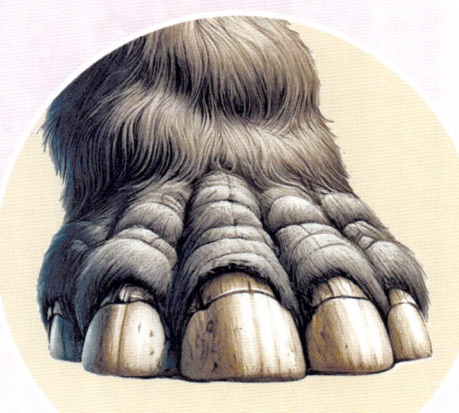
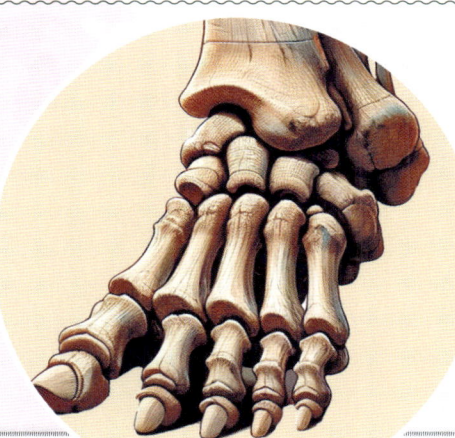
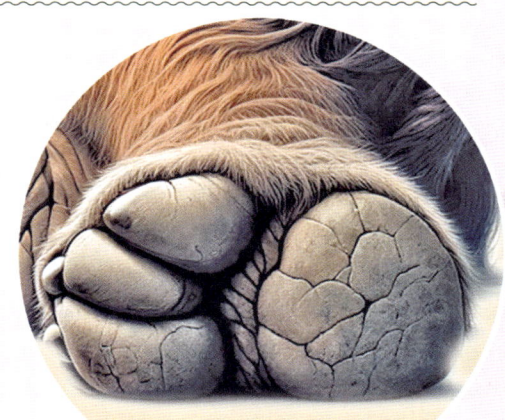

Los mamuts tenían las *patas grandes y planas*. Las plantas de los pies estaban acolchadas con una *gruesa capa de tejido* que les ayudaba a distribuir su peso y evitaba que se hundieran en la nieve o el barro. La piel de los pies era gruesa y resistente, protegiéndolos del frío y de los objetos cortantes del suelo helado.

Cuando los mamuts caminaban por lodo o ceniza volcánica, dejaban huellas que con el tiempo podían endurecerse y convertirse en fósiles. Los investigadores son como detectives que estudian estas *huellas fosilizadas* para descubrir secretos de la vida de los mamuts. ¿Andaban solos o en grupo? ¿Tenían un camino favorito? Cada huella nos da pistas sobre cómo vivían, a dónde viajaban y con quién se juntaban.

Gigantes gentiles: la vida diaria de los mamuts

Los mamuts eran tan imponentes como buenos compañeros. Piensa en ellos como una gran familia en la que la *matriarca*, la mamut más sabia y experimentada, se encargaba de mantener el orden y la tranquilidad en el grupo. Juntos, recorrían las estepas heladas, con la matriarca al frente, guiándolos por los mejores senderos en busca de comida y manteniéndolos alejados de los problemas.

El vínculo familiar:
Los mamuts vivían en familias muy unidas. Padres, hijos y otros parientes se apoyaban mutuamente, formando *un equipo solidario* que trabajaba para conseguir comida y mantenerse a salvo de los depredadores.

El descanso de los mamuts:
Al caer la noche, los mamuts se agrupaban para descansar. Se recostaban en el suelo o permanecían de pie, pero siempre cerca los unos de los otros para conservar el calor corporal y sentir la seguridad que les proporcionaba estar en grupo.

Comunicación entre gigantes:

En el silencio del mundo helado, los mamuts se comunicaban con *sonidos profundos y potentes*. Estos sonidos de baja frecuencia, casi imperceptibles para nuestros oídos, eran como mensajes especiales que viajaban por el aire frío y les ayudaban a estar en contacto incluso cuando les sorprendía una tormenta de nieve.

Juegos y aprendizajes:

Los pequeños mamuts también tenían su recreo, pero no era solo para pasar el rato. Correteando y revolcándose *aprendían lo esencial para la vida adulta*: dónde encontrar las mejores hierbas y cómo entenderse con los demás del grupo.

La alimentación de los mamuts

Los mamuts eran *herbívoros*, lo que significa que comían plantas. A diferencia de los carnívoros, que cazan otros animales, los mamuts pasaban gran parte de su tiempo buscando las *hierbas y arbustos* más nutritivos para llenar su enorme estómago.

🐘 *Impacto ambiental:*

Al alimentarse, los mamuts influían en su entorno. Arrancaban árboles y arbustos, lo que ayudaba a mantener abiertas las praderas y las tundras, beneficiando a otros animales y a ellos mismos.

🐘 *El menú del mamut:*

Su dieta incluía una amplia *variedad de vegetación*: desde hierbas hasta hojas, ramas e incluso flores. En verano, los mamuts disfrutaban de una rica selección de plantas verdes, mientras que en invierno tenían que buscar bajo la nieve para encontrar musgos y líquenes.

 **Un ajuste constante:**

Los mamuts eran maestros en el arte de la adaptación. A lo largo de las estaciones del año cambiaba el alimento disponible, de modo que ellos también *modificaban su estrategia*, buscando siempre los mejores bocados que la naturaleza les ofrecía, asegurándose de que en cualquier estación hubiera algo para comer.

Herramientas para la alimentación:

Los *colmillos* de los mamuts no solo servían para luchar. Los usaban como palas para cavar en la nieve y el hielo, llegando a la vegetación que otros animales no podían alcanzar.

Rituales de apareamiento

Cuando llegaba el momento de buscar pareja, los mamuts machos se las ingeniaban para *impresionar a las hembras*. Podían desde golpear el suelo con fuerza hasta enfrentarse entre ellos usando sus enormes colmillos. Estos espectáculos no solo decidían quién se apareaba con quién, sino que también garantizaban que solo los más fuertes transmitieran sus genes a la siguiente generación.

Cuando un mamut macho *perdía una pelea* por el derecho a aparearse, simplemente se alejaba y esperaba otra oportunidad. Estos mamuts a menudo intentaban su suerte más adelante, ya sea desafiando a otro macho menos dominante o esperando hasta la *siguiente temporada* de apareamiento.

Para entender el *comportamiento de cortejo de los mamuts*, los zoólogos suelen observar a los elefantes modernos. Como los mamuts y los elefantes son parientes cercanos y los fósiles no revelan comportamientos, estas comparaciones nos ofrecen pistas valiosas. Por ejemplo, si los elefantes utilizan *sonidos profundos y exhibiciones visuales* para atraer a la pareja, es bastante probable que los mamuts hicieran algo parecido. Esta información nos resulta útil, aunque no sabemos hasta qué punto se puede trasladar el comportamiento del elefante actual al de los antiguos mamuts.

Estas *exhibiciones* no solo mostraban su vigor físico, sino que también eran una prueba de su salud y capacidad para liderar y proteger. Así, las hembras podían *elegir al compañero más apto*, asegurando que sus crías heredarían las mejores cualidades de sus padres.

El ciclo de vida: nacimiento, vida y muerte

El ciclo de vida de un mamut comenzaba con el nacimiento en la primavera, cuando la madre mamut daba la bienvenida a una *cría* después de un *embarazo* que duraba casi dos años.

Las crías de mamut crecían rápidamente gracias al nutritivo alimento que era *la leche de su madre*. Aprendían a caminar y a buscar comida bajo la vigilancia atenta de la manada.

Un mamut joven tardaba lo suyo en hacerse mayor: se convertía en adulto alrededor de los *15 años*, alcanzando su tamaño completo y su peso, que podía superar las 6 toneladas, en los siguientes años. La *madurez* también significaba que podía tener sus propias crías.

Los mamuts podían *vivir hasta 60 o 70 años*, siempre que evitaran a los depredadores y superaran las enfermedades. Los ancianos eran *respetados* en la manada por su sabiduría y experiencia.

La *muerte de un mamut* podía deberse a la vejez, a enfermedades o, en algunos casos, a la caza. Sus restos se convertían en parte del paisaje, y hoy en día, nos ayudan a entender mejor cómo vivían estos animales extraordinarios.

El inicio de la saga: Mammuthus subplanifrons

El *Mammuthus subplanifrons* o *mamut sudafricano* tiene el honor de ser *el primer mamut* que pisó la Tierra. Vivió hace más de cinco millones de años en las amplias sabanas africanas. Aunque no conocemos todos sus secretos, cada nuevo fósil desenterrado nos acerca más a comprender a este ser imponente.

El *Mammuthus subplanifrons* vivía en las extensas sabanas de África, donde los espacios abiertos y los recursos vegetales eran abundantes. *Los primeros restos de este mamut* se descubrieron en 1928 en Sudáfrica y consistieron en unos cuantos colmillos, molares y fragmentos de maxilares.

A pesar de su enorme envergadura, el *Mammuthus subplanifrons* poseía unos *colmillos más pequeños* comparados con sus futuros parientes lanudos. Pero no te dejes engañar por su tamaño: eran verdaderas herramientas multifuncionales, ideales para defenderse, buscar comida y dominar su entorno.

El *león cavernario* (*Panthera spelaea*) era más grande que los leones modernos y cazaba grandes mamíferos, como mamuts jóvenes, lo que lo convertía en un depredador fundamental en su *ecosistema*.

Si eres un mamut de este tamaño, ¡necesitas comer mucho! El *Mammuthus subplanifrons* masticaba hojas, ramas y frutas todo el día. Su boca tenía unos *dientes especiales* para moler las plantas más duras que encontraba.

El geólogo y paleontólogo Henry Fairfield Olson fue quien bautizó a este mamut. Olson también nombró a otros titanes prehistóricos como el *Tyrannosaurus rex* y el *Velociraptor*.

Aunque no se sabe con certeza, es posible que el *Mammuthus subplanifrons* viviera *en grupos*, igual que sus parientes vivos, los elefantes actuales. Esto le habría proporcionado protección y eficiencia en la búsqueda de alimento.

¡COMPARA!

• 1,70 m de altura

• 8.000 kg, 4 m de altura, colmillos de 2 m

El mamut africano o Mammuthus africanavus

Imagina viajar en el tiempo hasta la cuna de la humanidad: África. Aquí encontramos al *Mammuthus africanavus*, uno de los primeros mamuts que caminó sobre nuestro planeta. No es tan famoso como sus primos lanudos, pero su historia es igual de importante para entender cómo estos titanes evolucionaron y cambiaron el mundo.

Los mamuts preferían *la vida en manada*. Estar en grupo les ayudaba a protegerse de los depredadores y a encontrar comida. Y no solo eso, sino que las rutas secretas para viajar y los puntos de agua y comida se transmitían de generación en generación.

El *Mammuthus africanavus* era un coloso: podía llegar a pesar hasta *seis toneladas y medir tres metros* hasta la cruz (el hombro). Aunque fuera grande y robusto, este mamut no era tan sofisticado como los que vinieron después, pero incluso así, nos cuenta mucho sobre los primeros pasos de la gran familia de los mamuts.

Es probable que los ancestros del *Buitre africano (Gyps africanus)* y los mamuts hayan compartido territorio. Estos enormes buitres son expertos en carroña, usando su visión para encontrar comida desde el cielo y su fuerte pico para desgarrarla. Su capacidad para consumir carne descompuesta sin riesgo de enfermedad ayuda a mantener limpios los ecosistemas.

¡COMPARA!

• 1,70 m de altura

• 6.000 kg, 3 m de altura

Mammuthus meridionalis y su expansión

Hace millones de años, el valiente *Mammuthus meridionalis o mamut del sur* inició una de las más grandes aventuras de la prehistoria, pues fue uno de los primeros mamuts en viajar más allá de África. Este gran aventurero abrió caminos en nuevos territorios, dejando su huella en el paisaje y en la historia de la evolución de los proboscidios.

El gran viaje del Mammuthus meridionalis le llevó hacia el norte, adentrándose en amplias zonas de lo que hoy es Europa y Asia. Los fósiles encontrados en estos lugares nos ayudan a entender mejor cómo evolucionó y se adaptó a su entorno.

El *Mammuthus meridionalis* impresionaba por *su tamaño y su fuerza*. Sus colmillos podían crecer hasta 4 metros. Este mamut no solo los utilizaba para defenderse y excavar en la nieve buscando comida, sino también como una demostración de su fortaleza en los paisajes del Plioceno.

Los *Mammuthus meridionalis cruzaron desiertos y montañas* en busca de lugares donde la comida fuera abundante. Este gran viaje no fue solo un cambio de dirección, sino también un *cambio en su evolución*, ya que se adaptaron a nuevos climas y desafíos, dando paso a las futuras generaciones de mamuts que incluso cruzarían el estrecho de Bering hacia Norteamérica.

En el mundo hay varios *museos que exponen esqueletos de este mamut*. Conocer sus fósiles es como viajar en el tiempo para observar de cerca nuestro pasado prehistórico. Allí, frente a sus colosales huesos, se puede apreciar la grandeza de estos gigantes.

¡COMPARA!

• 1,70 m de altura

• 10.000 kg, 4 m de altura

37

Mammuthus trogontherii o mamut estepario

Hace mucho tiempo, antes de que los humanos dejaran huellas en la nieve, un gigante recorría las tierras abiertas de Eurasia. Es el mamut estepario, el *Mammuthus trogontherii*. Este gigante fue el predecesor del famoso mamut lanudo y se paseaba por las estepas de Eurasia, adaptándose a una vida en ambientes fríos y abiertos mucho antes de que las edades de hielo llegaran para remodelar el mundo.

El mamut estepario no estaba solo. Compartía su hogar con criaturas como el temible *tigre dientes de sable (Homotherium)*. Todos ellos formaban parte de la gran red de vida de la prehistoria de nuestro planeta.

Los *fósiles de Mammuthus trogontherii* encontrados en diversos lugares de Eurasia, como el famoso sitio de Kikinda en Serbia, nos cuentan historias sobre cómo era su vida, lo grandes que eran y los lugares por los que caminaban.

El mamut estepario se adaptó magistralmente a la vida en *las amplias y abiertas estepas de Eurasia*, desde el oeste de Europa hasta el norte de China, una zona que ofrecía abundantes pastos para estos herbívoros.

Su pelo no era tan denso como el de su primo el mamut lanudo, pero el mamut estepario tenía su propio truco para conservar el calor: debajo de la piel tenía una *gruesa capa de grasa* que lo protegía del frío, como un edredón natural para las noches heladas.

Sus impresionantes *colmillos*, que podían alcanzar hasta *5 metros de longitud*, no solo servían para defenderse o para el ritual del cortejo, sino también para desenterrar la nieve en busca de vegetación durante los meses más fríos.

¡COMPARA!

• 1,70 m de altura

• 10.000 kg, 4,5 m de altura

Mammuthus rumanus o mamut rumano

El **Mammuthus rumanus**, conocido como **mamut de Rumanía**, es uno de los primeros mamuts que viajaron y se asentaron en Europa Oriental. Aunque no es tan conocido como sus descendientes lanudos, este mamut abrió camino al empezar a adaptarse a climas más frescos y a un ambiente en constante cambio.

El *mamut de Rumanía* es clave para entender la *evolución* de los mamuts hacia especies como el mamut lanudo, adaptadas al frío extremo. Con un pelaje menos grueso, su tamaño y forma corporal le ayudaban a conservar calor.

¡COMPARA!

• 1,70 m de altura

• Entre 4.000 y 6.000 kg, de 3 a 4 m de altura

En la época del *Mammuthus rumanus* en Europa, este no era el único gigante luchando por sobrevivir. Convivía con una amplia gama de animales: *grandes felinos*, predecesores de los actuales leones y tigres, que rondaban en busca de presa; *rinocerontes lanudos*, armados con grandes cuernos y adaptados al frío creciente; y *ciervos gigantes*, cuyas imponentes cuernas adornaban los bosques y praderas donde el mamut buscaba su alimento.

El *Megaloceros* o ciervo gigante del Pleistoceno, impresionaba con sus astas de hasta 3,5 metros. Este coloso recorría praderas y bosques de Europa y Asia, coexistiendo con mamuts y otras criaturas gigantes. Destacaba no solo por su tamaño, sino por cómo usaba sus astas en rituales y defensa.

El mamut lanudo, el gigante del frío

Cuando pensamos en mamuts, la imagen que nos viene a la mente es la del majestuoso mamut lanudo, con su grueso pelaje resistiendo las heladas de la última Edad de Hielo. *El Mammuthus primigenius* o *mamut lanudo* era un superviviente nato, adaptado a la vida en los gélidos paisajes que dominaban gran parte del mundo en su época.

El mamut lanudo vivía en enormes praderas congeladas, conocidas como las *estepas de mamut*, que se extendían *desde España hasta Canadá* durante la Edad de Hielo. Era un mundo donde el frío y la nieve eran constantes.

A pesar de sus impresionantes adaptaciones, el mamut lanudo *se extinguió hace unos 4000 años*. Algunas teorías dicen que fue por el calentamiento del planeta, otras que se debió a que los humanos los cazaban mucho, y otras creen que puede que se quedaran sin suficiente variedad en su familia de mamuts para poder reproducirse.

El *águila real (Aquila chrysaetos)* convivió con la megafauna de la prehistoria. Era un hábil depredador, cazaba presas como pequeños mamíferos y aves, y contribuía así al equilibrio del ecosistema.

El mamut lanudo no solo es famoso por su pelaje espeso; también tenía *una capa de grasa* de hasta 10 centímetros de espesor para mantener el calor y una piel oscura que le ayudaba a absorber la luz solar para sobrevivir en condiciones muy frías.

Muchos de los fósiles más impresionantes del mamut lanudo se han descubierto congelados en el *permafrost* de Siberia, con pelaje, piel e incluso tejido blando intacto. Son como cápsulas del tiempo que nos enseñan cómo vivían estos animales en aquella época helada.

Proboscidios

Los **humanos prehistóricos** interactuaban con los mamuts lanudos. Usaban sus huesos para hacer herramientas y construir casas, y los cazaban para comer. Las pinturas halladas en cuevas por toda Europa nos lo demuestran.

¡COMPARA!

- 1,70 m de altura
- 6.000 kg, 3 m de altura

43

El mamut columbino, el gigante de América

En un tiempo donde los gigantes recorrían la tierra, el mamut columbino se alzaba majestuoso. Su nombre científico es *Mammuthus columbi*, y era uno de los mayores animales que han pisado lo que hoy es América del Norte. Se adaptó a gran variedad de entornos, desde bosques hasta praderas. Este impresionante mamífero jugó un papel esencial en los ecosistemas de su época.

El mamut columbino ayudaba a que la naturaleza estuviera en *equilibrio*. Al comer, mantenía algunas plantas a raya y daba oportunidad a otras de crecer. Además, al caminar *contribuía a dispersar las semillas*, haciendo que nuevas plantas crecieran en otros lugares. Su *gran tamaño* le ayudaba a comer las hojas y ramas más altas, que otros animales no podían alcanzar. Cuando los mamuts desaparecieron, es probable que muchos jardines naturales cambiaran, afectando a otros animales y a toda la naturaleza.

El *Aenocyon dirus*, o lobo terrible, coexistió con los mamuts columbinos y fue uno de los grandes carnívoros de su época. Aunque sobre todo cazaba animales pequeños, es probable que también se alimentara de mamuts jóvenes o enfermos.

Con sus impresionantes *4 metros de altura*, el mamut columbino era *el rey de los animales*. Su hogar se extendía desde lo que hoy es Canadá hasta Costa Rica.

Hay pruebas de que los humanos de la prehistoria conocieron a los mamuts, porque en lugares como los *Pozos de La Brea, en California*, se han encontrado huesos de mamuts junto con herramientas hechas por personas. Y en *Clovis, en Nuevo México*, se han hallado lanzas antiguas al lado de restos de mamuts, lo que indica que probablemente los humanos los cazaban para alimentarse.

¡COMPARA!

• 1,70 m de altura

• 10.000 kg, 4 m de altura

El mamut enano, un pequeño gigante

Imagina un mamut mucho, mucho más pequeño de lo normal, casi como un elefante de juguete. Así era el *Mammuthus creticus*, el mamut enano que habitó en la isla de Creta. Este insólito mamut es un ejemplo de la extraordinaria capacidad de los animales y plantas para adaptarse a los diferentes entornos y hábitats.

La isla de Creta era un lugar especial, como una burbuja donde los animales cambiaron de manera increíble para adaptarse. El mamut enano es un gran ejemplo de ello. Este cambio se llama *enanismo insular*, y sucede cuando los animales viven en lugares pequeños como islas donde el espacio y la comida son limitados.

El mamut enano medía tan solo *1 metro de altura*. Sus colmillos seguían siendo grandes para su tamaño, pero perfectos para su vida en la isla. Tenía un pelaje espeso que lo protegía del frío y del calor, y sus huesos y dientes nos cuentan que sabía muy bien cómo encontrar en la isla de Creta la comida que necesitaba.

En Creta no solo se podían encontrar mamuts pequeños, sino también *hipopótamos del tamaño de cerdos grandes (Hippopotamus creutzburgi)* y *ciervos* que también eran más pequeños de lo normal *(Candiacervus ropalophorus)*. Además, había pájaros enormes como el cisne gigante, *Cygnus falconeri*, y reptiles que solo vivían allí y que eran muy distintos de los que podías encontrar en otros lugares. Aunque no sabemos mucho sobre todos ellos, es seguro que la isla estaba llena de animales sorprendentes.

¡COMPARA!

• 1,70 m de altura

• 300 kg, 1 m de altura

El mamut pigmeo, un pequeño aventurero

El *Mammuthus exilis o mamut pigmeo*, por su tamaño reducido, es otro ejemplo de la capacidad de la naturaleza para adaptarse a los entornos más insólitos. Vivía en lo que hoy conocemos como la isla Santa Rosa en California, donde su pequeño tamaño le permitía prosperar en un espacio limitado.

A pesar de su tamaño, estos mamuts eran uno de los *grandes herbívoros de la isla* y su papel era muy importante en su ecosistema, ya que ayudaban a cuidar las plantas y a mantener el equilibrio ecológico de la zona.

No se sabe con certeza cómo llegaron los mamuts a la isla *Santa Rosa*. La idea que más se acepta es que cuando hacía más frío y había más hielo, *el nivel del mar bajaba* y aparecían caminos de tierra entre las islas y el continente. Los mamuts más grandes probablemente caminaron por esos senderos hasta la isla. Allí, sin otros mamuts de su tipo cerca, empezaron a cambiar y a ser más pequeños, algo que pasa a menudo en las islas y que se llama *enanismo insular*. Así es como nació el mamut pigmeo, una especie única que se hizo a la medida de la isla Santa Rosa.

El *mamut pigmeo* desapareció al final del Pleistoceno, quizá por cambios en el clima y porque el mar volvió a subir, lo que cambió su hogar por completo. Su historia nos enseña lo *delicados* que son los ecosistemas donde viven los animales, sobre todo en las islas, y lo importante que es entender *cómo se adaptan* a sus hábitats.

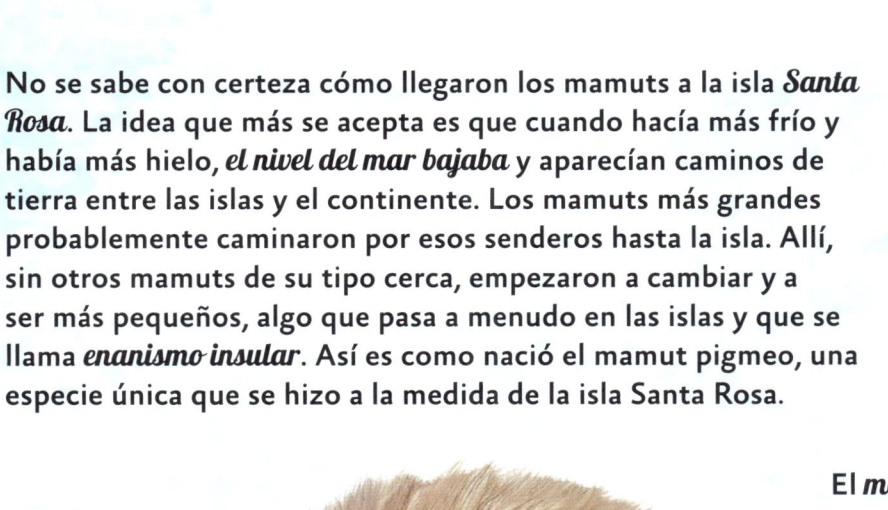

¡COMPARA!

- 1,70 m de altura
- Entre 200 y 500 kg, 2 m de altura

Mammuthus lamarmorai o mamut de Cerdeña

Este mamut, exclusivo de la isla de Cerdeña, y posiblemente de Córcega, es otro fascinante ejemplo de cómo los grandes mamíferos pueden evolucionar hacia *formas enanas* cuando se encuentran confinados en islas para así poder adaptarse a unos recursos limitados y al espacio restringido de su hábitat insular.

La llegada de estos mamuts a Cerdeña sigue siendo un *enigma* que fascina a los científicos. Los cambios climáticos del Pleistoceno, que provocaron descensos en el nivel del mar, podrían haber permitido a estos animales *llegar nadando* hasta la isla. Los diferentes tamaños y formas de los fósiles que se han encontrado sugieren que no todos los mamuts llegaron en un solo viaje, sino en varios, algo que también ha pasado con otros animales en islas del Mediterráneo.

Los *fósiles* de *Mammuthus lamarmorai* descubiertos en Cerdeña son claves para entender cómo vivían estos mamuts. Cada resto, ya sea un hueso o un diente, nos desvela su historia de adaptación y cómo lograron vivir en su peculiar hogar isleño, mostrándonos su tamaño y cómo era su cuerpo.

El entorno de Cerdeña ofrecía un rico tapiz de paisajes que incluía desde espesos bosques hasta matorrales típicos del clima mediterráneo. *El mamut de Cerdeña, con su estatura y peso menores*, se las ingeniaba para encontrar comida y moverse por todos los hábitats, demostrando su gran capacidad de adaptación.

Los *colmillos del Mammuthus lamarmorai* eran curvados, pequeños y manejables. Su pelaje probablemente sería menos denso que el de sus parientes nórdicos, permitiéndole adaptarse mejor a las temperaturas relativamente más cálidas de la isla.

¡COMPARA!

- 1,70 m de altura
- 750 kg, 1,5 m de altura

El misterioso final de los mamuts. Distintas teorías

La *extinción de los mamuts* marca uno de los misterios más insondables de la prehistoria. Estos gigantes desaparecieron hace aproximadamente 4000 años y nos han dejado numerosas preguntas sin respuesta sobre el final de su existencia. *¿Qué pasó para que los mamuts desaparecieran de la Tierra?*

Teoría 1. Cambio Climático: Una de las teorías más aceptadas sugiere que el cambio climático jugó un papel importante. Cuando se acabó la última Edad de Hielo, el mundo se calentó y los mamuts perdieron muchos de los lugares fríos donde vivían y, con ellos, su alimento.

Teoría 2. Caza humana: La expansión humana y la caza intensiva pueden haber causado el declive de los mamuts. Herramientas halladas con restos de mamut indican que los humanos prehistóricos los cazaban para alimentarse y obtener recursos.

Teoría 3. Enfermedades: Algunos paleontólogos piensan que las enfermedades pudieron ser una causa importante en la extinción de los mamuts. Quizá hubo un gran contagio entre ellos, o debido a otros animales, humanos incluidos, lo que podría haber contribuido a su extinción.

Teoría 4. Impacto de meteoritos: Aunque durante un tiempo los científicos consideraron esta posibilidad, hoy en día esta teoría está prácticamente descartada.

Teoría 5. Combinación de factores: La desaparición de los mamuts probablemente fue causada por una mezcla de factores: cambios en el clima, caza humana, enfermedades y quizá otros motivos aún no identificados por los investigadores.

Cuvieronius

Hace mucho tiempo, en lo que hoy es América, vivía un elefante prehistórico llamado *Cuvieronius*. Este elefante no era como los que conocemos hoy; se adaptó para vivir desde los bosques de árboles caducifolios hasta las altas montañas. Con *una trompa larga y colmillos con una banda de esmalte en espiral*, el Cuvieronius, este pariente de los mamuts, es una muestra de la variedad de elefantes que existieron en la prehistoria de la Tierra.

Cuvieronius vivió al mismo tiempo que *otros elefantes prehistóricos* grandes, pero cada uno se adaptó a su manera. *Cuvieronius* vivía en los bosques y montañas hasta altitudes de más de 4000 metros en los Andes, mientras que los mamuts habitaban en las grandes planicies del norte del continente. Estas diferencias muestran lo especial que puede ser la evolución y cómo cada animal encuentra su lugar en el mundo.

En Sonora, México, se encuentra un sitio arqueológico llamado «*El Fin del Mundo*», notable por contener evidencias de las primeras interacciones conocidas entre humanos y proboscidios en América. Los hallazgos incluyen restos que muestran cómo los humanos antiguos usaban herramientas de piedra para cazar o procesar a los animales que cazaban.

Cuvieronius destaca por *la banda de esmalte en espiral* que recorre sus colmillos hasta la punta y que van de rectos a suavemente curvados. Esta característica lo diferencia de otros miembros de la familia de los elefantes. Utilizaba sus colmillos como herramientas para manipular objetos, excavar en busca de agua y como una defensa contra los depredadores.

¡COMPARA!

- 1,70 m de altura
- 4.500 kg, 2,5 m de altura

55

Stegomastodon

Piensa en los elefantes que hoy conocemos y ahora imagina a sus primos lejanos, los *Stegomastodon*, vagando por un mundo muy diferente al nuestro. Estos enormes animales recorrían las tierras que ahora forman parte de América. Con *sus impresionantes colmillos* y su apariencia única, los *Stegomastodon* son un ejemplo fascinante de la diversidad de los grandes mamíferos de la prehistoria.

Tenían un *cuerpo robusto y colmillos más rectos* que otros proboscidios de su tiempo. Mientras los mamuts tenían grandes colmillos curvos para excavar en la nieve, los del *Stegomastodon* eran más aptos para la vegetación de las tierras bajas.

¡COMPARA!

- 1,70 m de altura
- 6.000 kg, 2,5 a 3 m de altura

El *Stegomastodon* se adaptó a vivir en diferentes entornos naturales. En América del Norte, se desplazaba entre bosques y praderas, mientras que en América del Sur, algunos se aventuraban hasta las alturas andinas, demostrando su *capacidad para vivir en climas y terrenos diversos.*

Aunque hay poca evidencia directa de interacción entre *humanos y Stegomastodon,* las herramientas de piedra encontradas cerca de sus restos indican que los humanos podrían haberlos cazado. Es probable que estos encuentros afectaran a las poblaciones de *Stegomastodon* y a los ecosistemas en general.

Deinotherium

El *Deinotherium*, que en griego significa «*bestia terrible*», es uno de los parientes más curiosos de los elefantes actuales. Este gigante prehistórico destacaba por sus *colmillos curvos hacia abajo*, algo nada común entre sus primos los mamuts o los elefantes de hoy. Su enorme cuerpo y su presencia en distintos continentes hacen del *Deinotherium* una ventana fascinante al mundo de los proboscidios antiguos.

El *Deinotherium desapareció antes que los mamuts*. Aunque no sabemos exactamente por qué, es posible que los cambios en el ambiente y la competencia con otros animales influyeran en su extinción.

No sabemos mucho sobre su día a día, pero por su tamaño y las dentaduras fósiles que se han encontrado, los paleontólogos creen que era *similar a los elefantes actuales*: probablemente vivían en grupos y se alimentaban de una gran cantidad de vegetación.

Los fósiles de Deinotherium han intrigado a la humanidad desde su descubrimiento. En algunas culturas, se han interpretado sus restos óseos como los de *legendarios gigantes o monstruos míticos*.

El *Deinotherium* vivió en África, Europa y Asia, en hábitats que van desde los bosques subtropicales hasta las sabanas. Su capacidad para adaptarse a diferentes climas muestra que era un animal con *una increíble capacidad de adaptación*.

Los colmillos curvados hacia abajo son todo un rompecabezas para los científicos. Algunas teorías dicen que servían para *desenterrar* planta acuáticas, para arrancar corteza de los árboles o para realizar demostraciones de fuerza ante otros animales.

¡COMPARA!

• 1,70 m de altura

• Entre 5.000 y 14.000 kilos, 4,5 m de altura

Zygolophodon

Aunque es menos conocido que los mamuts y elefantes modernos, el *Zygolophodon* es un personaje misterioso en la historia de los proboscidios. Fue uno de los *mayores mamíferos se conocen* y sus especiales colmillos y dientes nos dan mucha información sobre cómo evolucionaron estos enormes animales.

Aunque sabemos algunas cosas sobre el *Zygolophodon*, todavía hay muchos misterios. ¿Cómo era su día a día? ¿Vivía en grupos o era solitario? ¿Cómo interactuaba con otros animales de su época? Los paleontólogos siguen buscando respuestas.

Los *enormes colmillos curvados* del Zygolophodon son uno de sus rasgos más misteriosos. Eran diferentes a los de los otros proboscidios y se cree que le ayudaban a hacer cosas que otros elefantes no podían.

Una *excavación* notable en el estudio de proboscidios es el sitio de *Langebaanweg en Sudáfrica,* famoso por sus abundantes fósiles de vertebrados, incluidos los de *Zygolophodon.* Los hallazgos en Langebaanweg han sido clave para entender la fauna de aquel periodo.

Las muelas del *Zygolophodon* eran muy especiales, con cúspides que se elevaban como montañitas. Eso significa que podía comer desde hojas hasta ramas duras, y quizá incluso raíces. Seguro que no tenía problemas para encontrar comida en los bosques o en zonas con mucha vegetación.

¡COMPARA!

- 1,70 m de altura
- 10.000 kg, 3 a 4 m de altura

61

Anancus

Este pariente lejano de los elefantes modernos es conocido por sus *largos colmillos rectos* y su *tamaño imponente*, similar al de los elefantes actuales. Aunque habitaba en diversas regiones de Europa, Asia y África, los cambios climáticos y la competencia con otros herbívoros pudieron haber contribuido a su extinción.

Este proboscidio se adaptó a una variedad de hábitats, desde bosques densos hasta sabanas abiertas, lo que le permitió *extenderse por todo el Viejo Mundo*. Su presencia en múltiples continentes subraya su adaptabilidad a distintas condiciones ambientales.

Aunque los detalles específicos del *comportamiento social* del Anancus son poco conocidos, es probable que, al igual que otros miembros de los proboscidios, vivieran en grupos para mejorar su supervivencia frente a los predadores y facilitar la crianza de los cachorros.

¡COMPARA!

- 1,70 m de altura
- 6.000 kg, 3 m de altura

Los fósiles de Anancus han sido una fuente valiosa de información para los paleontólogos. Sus restos han ayudado a reconstruir no solo la apariencia física de estos animales, sino también aspectos de su vida cotidiana y las condiciones ecológicas de su tiempo.

Destacaba por sus *enormes colmillos*, que podían alcanzar hasta tres metros de longitud. Estos colmillos, junto con su cráneo alargado, lo ayudaban a alcanzar la vegetación alta y a defenderse de los depredadores.

Stegolophodon

Stegodontidae es una curiosa familia dentro de los proboscidios. Se la conoce por su miembro estrella, el *Stegolophodon*. Aunque no es tan famoso como los mamuts, estos gigantes despiertan un debate entre los científicos sobre su clasificación exacta. Lo que es indiscutible es su importancia: Stegodontidae representa a algunos de *los proboscidios más grandes* que jamás hayan caminado sobre la Tierra.

Stegodontidae era una familia con su propio estilo. Sus *muelas tenían el borde bajo*, en forma de tejado, perfectas para una dieta variada a base de hojas y quizá frutas. Los bordes de los molares de mamuts y elefantes eran más pronunciados. El Stegolophodon tenía *cuatro colmillos, dos arriba y dos abajo*, algo inusual en estos parientes de los elefantes.

El *fósil más antiguo* de Stegolophodon se descubrió en Tailandia, y data del Mioceno. Se cree que desde allí, estos animales realizaron un impresionante viaje hacia el norte, aprovechando el clima cálido para expandirse y diversificarse por Asia. Por su parte, el Stegodon, conocido por su habilidad para nadar, colonizó islas del sudeste asiático, alcanzando incluso Japón, donde desarrolló características únicas.

Existen numerosas *incógnitas* sobre los Stegodontidae, incluyendo su comportamiento social, cómo se reproducían o se comunicaban. Los paleontólogos continúan investigando para comprender mejor sus hábitos familiares o la adaptación a su entorno.

¡COMPARA!

- 1,70 m de altura
- 6.000 kg, 3-4 m de altura

El elefante africano

El imponente *elefante africano* es descendiente directo de los mamuts, los gigantes de la Edad de Hielo. Aunque ha cambiado su abrigo de pelo por una piel más adecuada para el calor de África, este gigante moderno guarda secretos ancestrales en cada paso que da por las sabanas y bosques.

Tiene unas *orejas enormes* que recuerdan la forma del continente africano y grandes colmillos que le sirven para muchas cosas, desde buscar comida hasta saludar a sus amigos.

¡COMPARA!

• 1,70 m de altura

• De sabana: 6.000 kg, 3-4 m de altura
• De bosque: 3.500 kg, 2,5 m de altura

Descendientes de los mamuts

En el mundo de los elefantes, las *matriarcas* son las hembras líderes que, gracias a su sabiduría, guían a su familia a través del bosque. Dentro de una manada, los lazos familiares son fuertes y cada elefante cuida y apoya a los demás.

Vive en África, desde los *desiertos hasta las selvas y las sabanas*, y se alimenta de hojas, ramas, frutas y todo lo que encuentra en la naturaleza. Sin los elefantes, los bosques de África no serían lo mismo. Ayudan a que crezcan nuevos árboles y a *mantener el equilibrio del ecosistema*. Son como guardianes naturales de su hábitat.

Los elefantes son los mayores animales terrestres que puedes encontrar en la actualidad. Existen dos especies africanas:

* *Los elefantes de sabana*. Son de mayor tamaño y les encanta pasear por las amplias llanuras.

* *Los elefantes de bosque*. Son más pequeños y prefieren esconderse entre los árboles.

El elefante asiático

El *elefante asiático* es pariente cercano del elefante africano y, como él, es un descendiente directo de los antiguos mamuts. Aunque comparten linaje con ellos, los elefantes asiáticos tienen sus propias historias y secretos. Son un símbolo cultural para muchos países asiáticos.

Al igual que sus primos africanos, los elefantes asiáticos ayudan a mantener *su hábitat en perfecto estado*. Mientras pasean por la selva, dispersan semillas y crean espacios para que nuevas plantas broten.

Los *elefantes asiáticos* son un poco más pequeños que sus primos africanos. Viven en *familias lideradas por una elefanta* y forman una manada que siempre permanece unida.

La *conservación del elefante asiático* es fundamental no solo por su importancia ecológica sino también por su relevancia cultural. En la actualidad, estos elefantes están clasificados como una especie en peligro debido a la pérdida de su hábitat, la fragmentación de su territorio, la caza furtiva para obtener su marfil y los conflictos armados que se dan en algunas zonas donde habitan.

Vive en los *bosques y selvas de Asia*, desde la India hasta las islas de Sumatra y Borneo. A estos elefantes les encanta un variado menú de vegetales: hojas, tallos, frutas y a veces hasta cultivos (¡aunque esto último no les hace mucha gracia a los agricultores!).

¡COMPARA!

- 1,70 m de altura
- 3.500 kg, de 2 a 3 m de altura

El lenguaje de los elefantes: comunicación y sonidos

En el reino animal, los elefantes son famosos por tener una *comunicación asombrosa*. ¿Sabías que no solo usan la trompa para hablar entre ellos? Tienen un montón de maneras secretas y especiales de enviar mensajes, ¡algunos que ni siquiera nosotros podemos oír!

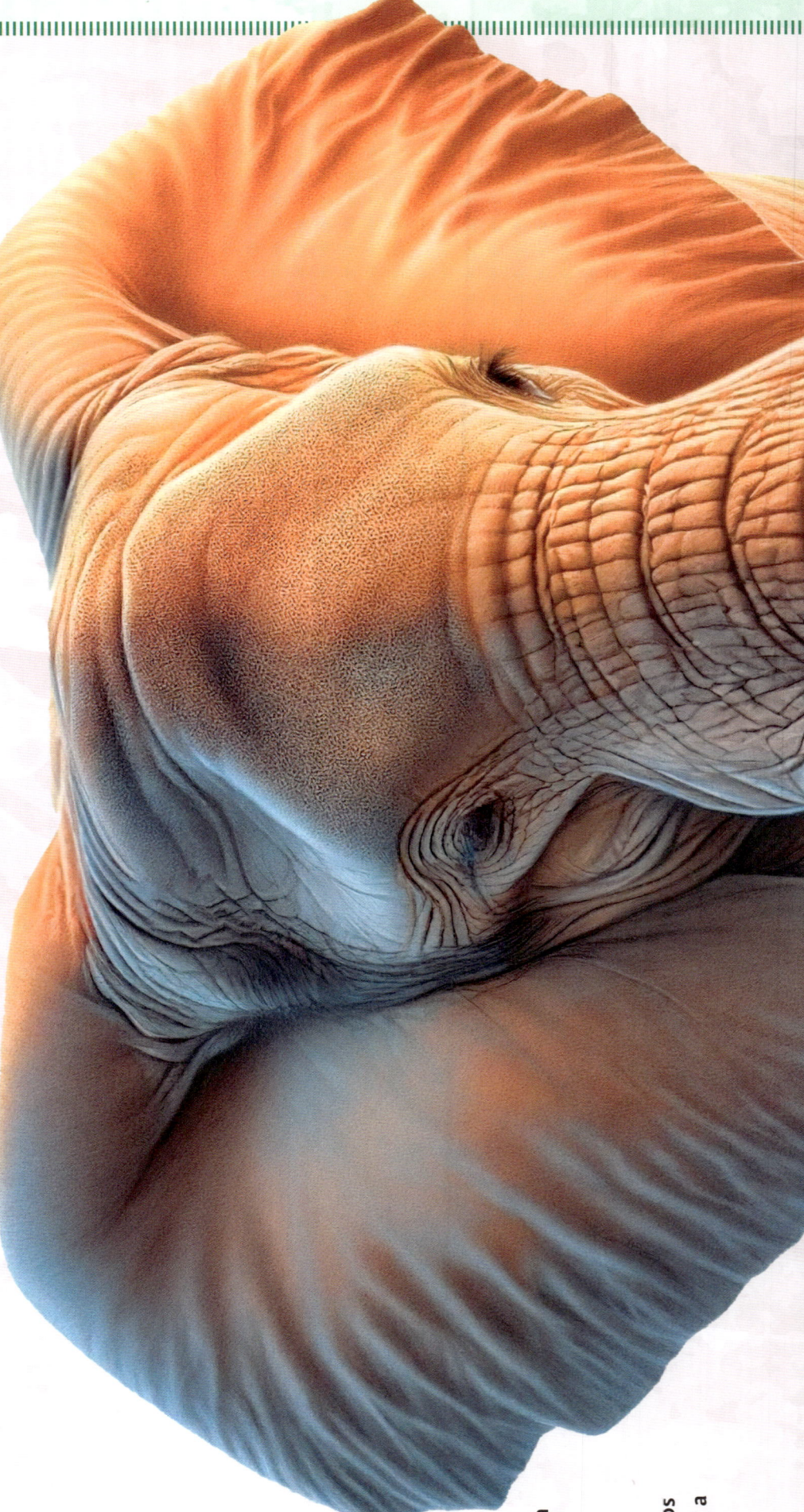

Trompeteo y tocamientos

Los elefantes usan sus fuertes trompeteos para llamar a otros a larga distancia o para avisar del peligro. Pero no solo eso, también se tocan con la trompa y el cuerpo para saludarse, mostrar cariño o consolar a un amigo triste. ¡Es como dar un abrazo o un apretón de manos!

Bramidos misteriosos

Muchos de los sonidos que hacen los elefantes son tan graves que nuestros oídos no los pueden oír. Estos «bramidos» de baja frecuencia pueden viajar muy lejos y son importantes para mantener a la manada unida.

Otros usos de la trompa
Además de funcionar como su propio sistema de comunicación al emitir una variedad de sonidos que les permiten comunicarse, la trompa tiene usos más comunes, como beber agua o agarrar objetos.

Retumbar en la selva
Los elefantes también se comunican a través de vibraciones. Cuando un elefante golpea el suelo con sus enormes patas o hace un ruido fuerte, las vibraciones se propagan por la tierra y otros elefantes las sienten con sus sensibles pies.

El lenguaje se aprende
Desde pequeños, los elefantes bebés aprenden de sus mamás y de otros adultos cómo usar todos estos sonidos y señales.

El lenguaje de los elefantes: hablar con el cuerpo

Los elefantes tienen *su propia manera de «charlar»* sin hacer ningún sonido. Utilizan todo su cuerpo para expresarse y comunicar a otros elefantes, y a veces a las personas, lo que sienten o necesitan. Aquí te mostramos algunas «palabras» de su lenguaje corporal:

Orejas de elefante

Si un elefante mueve sus grandes orejas hacia adelante y hacia atrás, suele ser para parecer más grande y asustar si le molestan. Sin embargo, si está contento y relajado, sus orejas colgarán a los lados. ¡Utiliza las orejas para expresar cómo se siente!

Pegando la cabeza

Cuando un elefante empuja su cabeza contra algo o alguien, en realidad está mostrando afecto y confianza. Es su manera de dar un abrazo fuerte y cariñoso.

La trompa cuenta historias

La trompa de un elefante no solo sirve para oler o levantar objetos; también la utilizan para saludar. Por ejemplo, cuando un elefante enrolla su trompa alrededor de la de otro, es su manera de decir «¡hola!» o «¡qué alegría verte!». Además, cuando un elefante siente curiosidad, puede dirigir su trompa hacia algo que le llame la atención, de la misma manera que tú señalarías con el dedo.

Colmillos para la comunicación

Los elefantes jóvenes a menudo juegan con sus colmillos, entrechocándolos como si dijeran «¿jugamos?». Sin embargo, si un elefante muestra sus colmillos y carga hacia algo, ¡eso definitivamente es un claro aviso de «mejor no te acerques!».

Bailar con los pies

A veces, los elefantes dan pequeños pasos de baile, balanceándose de un lado a otro. Esto puede indicar que están pensativos o simplemente que se sienten felices. Si un elefante golpea fuerte el suelo con sus patas, podría ser una advertencia de peligro o una señal de que está molesto.

Algunas curiosidades

Los elefantes son increíbles no solo por cómo manejan sus emociones, sino también por su memoria excepcional. Realizan actos de duelo muy respetuosos con los restos de los compañeros muertos, lo que nos muestra que tienen sensibilidad y conocen la muerte. Además, tienen una memoria excepcional: pueden recordar rutas que tomaron hace años, saben exactamente dónde encontrar agua, y reconocen a otros elefantes y personas incluso después de mucho tiempo.

🐘 Elefantes en la cultura humana

Los elefantes han desempeñado un papel destacado en diversas culturas alrededor del mundo. Han sido venerados en numerosas religiones, inspirando historias y obras de arte, y han dejado una marca profunda en la literatura y la mitología de muchas sociedades.

🐘 Auténticos zahoríes

Los elefantes son verdaderos expertos en encontrar agua. Tienen la habilidad de detectar agua subterránea y pueden excavar pequeñas pozas que benefician a otros animales durante las sequías. Además, su trompa es una herramienta muy versátil, capaz de levantar objetos tan pequeños como una aguja, pero también lo suficientemente fuerte como para arrancar grandes ramas o incluso derribar árboles.

🐘 Sensibilidad en las patas

Las patas de los elefantes son como sismógrafos naturales. Pueden sentir vibraciones a través del suelo, lo que les permite, además de detectar la comunicación de otros elefantes, anticiparse a fenómenos naturales como tormentas o terremotos.

Baños de barro y polvo:
Para los elefantes, revolcarse en el barro es más que un simple pasatiempo; es una necesidad esencial. El barro los ayuda a refrescarse, protege su piel del sol y de los parásitos, y el polvo que se echan encima después funciona además como exfoliante y protector.

Cazadores de marfil: una gran amenaza

En un mundo ideal los elefantes vivirían seguros y libres, pero la realidad es diferente. Aunque está prohibida su caza, el *marfil* de sus colmillos se ha convertido en una *amenaza* para su supervivencia. La lucha contra la caza ilegal o furtiva de elefantes es un ejemplo de cómo las acciones de las personas pueden cambiar el mundo. Cuidar de estos animales es cuidar del planeta para asegurarnos de que en el *futuro* todavía nos asombren estos increíbles animales.

Muchos gobiernos y ONG trabajan para *proteger a los elefantes*, creando reservas y aumentando la vigilancia contra los cazadores furtivos. Es importante que los seres humanos entendamos lo *valiosos* que son los elefantes y los daños que causa la caza furtiva.

El *marfil*, material del que están hechos los colmillos de los elefantes, es apreciado desde hace siglos por su belleza. Se ha usado para fines variados, desde joyas hasta esculturas. Pero este aprecio por el marfil ha convertido los colmillos de elefante en *un «tesoro» fatal*. La caza ilegal ha hecho que haya muchos menos elefantes en África y Asia. Si no actuamos, algunas especies podrían desaparecer.

A pesar de su *prohibición* y de que hay muchas personas luchando para *proteger a los elefantes*, la caza sigue porque todavía hay mucha demanda de marfil, sobre todo en lugares donde se considera un signo de riqueza o tiene un valor cultural.

Fósiles de mamuts. Detectives del pasado

Imagina que eres un detective de la historia de la Tierra... Igual que un detective resuelve misterios, los *paleontólogos* examinan cada fósil de mamut para descubrir cómo eran y cómo vivían. Los fósiles nos narran historias de épocas antiguas, desvelando múltiples detalles, desde el clima hasta el comportamiento de estos gigantes.

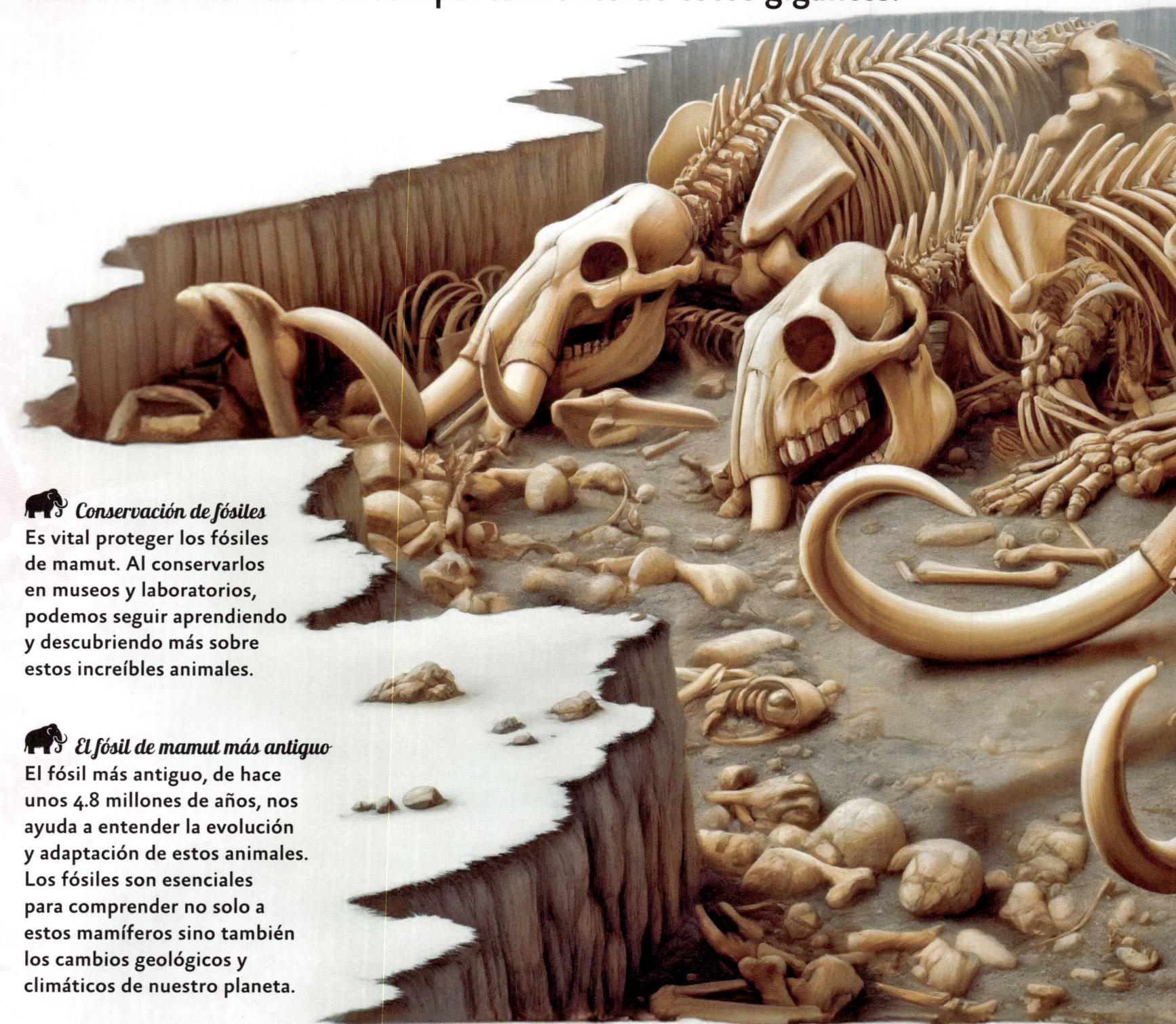

Conservación de fósiles

Es vital proteger los fósiles de mamut. Al conservarlos en museos y laboratorios, podemos seguir aprendiendo y descubriendo más sobre estos increíbles animales.

El fósil de mamut más antiguo

El fósil más antiguo, de hace unos 4.8 millones de años, nos ayuda a entender la evolución y adaptación de estos animales. Los fósiles son esenciales para comprender no solo a estos mamíferos sino también los cambios geológicos y climáticos de nuestro planeta.

La importancia de los fósiles

Gracias al estudio de los fósiles sabemos que los mamuts vivieron durante la Edad de Hielo y algunos incluso convivieron con humanos primitivos, que los cazaban y utilizaban sus huesos para construir casas.

¿Qué nos dicen los huesos?

Un hueso puede revelar la edad de un mamut, su salud e incluso de qué murió. Algunos de sus huesos, como el fémur, son tan grandes que dan pistas sobre el tamaño colosal de estos seres, que podían pesar hasta diez toneladas.

Dónde vivían

Los fósiles de mamuts se han hallado en lugares tan diversos como el frío Ártico y zonas mucho más cercanas, posiblemente en tu propio país. Estos restos nos muestran lo ampliamente distribuidos que estaban los mamuts y su gran capacidad de adaptación a distintos ambientes.

Descubrimientos extraordinarios

Entre las excavaciones más impactantes están las que descubrieron a los mamuts lanudos congelados en Siberia, o bien los numerosos esqueletos de mamuts columbinos encontrados en Dakota del Sur, que hacen suponer que sucedieron terribles acontecimientos por los que perecieron manadas enteras.

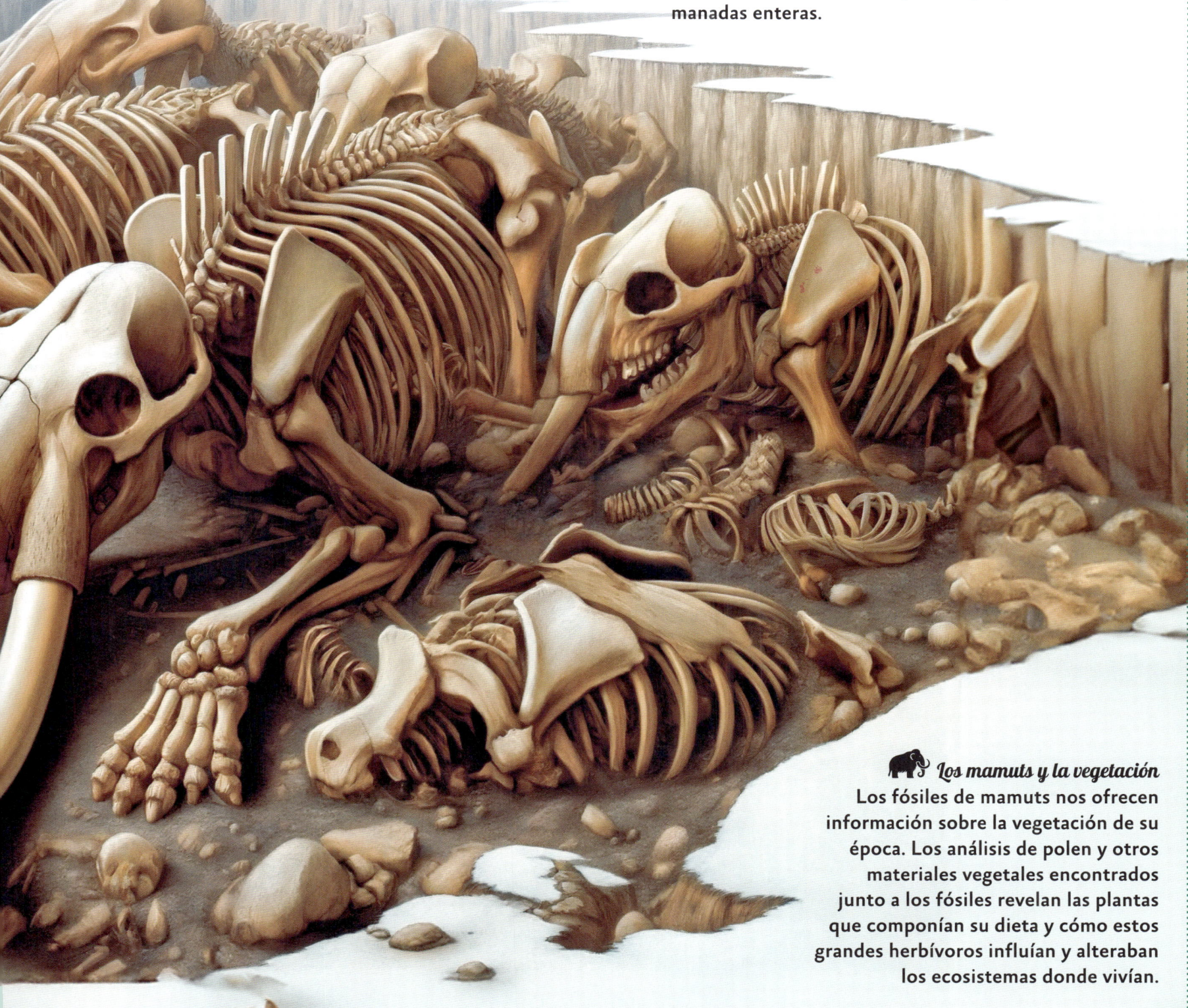

Los mamuts y la vegetación

Los fósiles de mamuts nos ofrecen información sobre la vegetación de su época. Los análisis de polen y otros materiales vegetales encontrados junto a los fósiles revelan las plantas que componían su dieta y cómo estos grandes herbívoros influían y alteraban los ecosistemas donde vivían.

Descubrimiento congelado. El mamut lanudo de Siberia

Imagina un animal tan bien conservado en hielo que parece estar dormido, esperando despertar en cualquier momento: en las frías y remotas tierras de Siberia, se han descubierto *mamuts lanudos enteros*, con su pelaje, piel y hasta su última comida aún intacta en el estómago. Estos increíbles hallazgos son como cápsulas del tiempo que nos permiten saber cómo era vida durante la última Edad de Hielo.

El mamut Yuka

Uno de los hallazgos más famosos es el mamut conocido como Yuka, un joven mamut lanudo descubierto en 2010 en la península de Yamal, en Rusia. Yuka sorprendió al mundo con su pelaje claro y su tejido blando preservado, que incluso mantenía su color de piel original.

La pequeña Lyuba

Lyuba es una cría de mamut que fue encontrada por unos pastores de renos. Tenía solo un mes de vida cuando quedó congelada y gracias a ella sabemos cómo era la vida de los cachorros de mamut lanudo.

El misterio del permafrost

El permafrost es como un enorme congelador que se encuentra debajo de la tierra en lugares superfríos como Siberia. Esta capa de suelo está tan helada que se mantiene congelada durante todo el año, ¡incluso en verano! Imagínate tener una nevera tan grande que pueda guardar cosas durante miles de años sin estropearse. Eso es el permafrost. En este suelo congelado se han encontrado mamuts lanudos que vivieron hace muchísimo tiempo. Gracias al frío extremo, estos animales se han mantenido casi intactos, con su piel, pelo y hasta su última comida en el estómago.

La ciencia de la preservación

El frío extremo de Siberia actúa como un congelador natural, deteniendo los procesos de descomposición. Esto ha permitido que los tejidos blandos de los mamuts lanudos, que de otro modo se descompondrían rápidamente, se mantengan casi como nuevos. Este nivel de conservación abre posibilidades para estudios de ADN y otros análisis biológicos que de otra forma serían imposibles.

Congelados para la ciencia

Los científicos tienen una tecnología que les permite que los mamuts recién encontrados se queden como están: usan hielo y productos químicos especiales para que no se descompongan, y así poder estudiarlos mucho mejor y aprender todos sus secretos.

Dentro de una excavación

¿Alguna vez has soñado con ser un explorador del pasado y *desenterrar secretos de seres milenarios*? Eso es lo que hacen los paleontólogos en las excavaciones arqueológicas. Es una aventura emocionante donde cada descubrimiento es una ventana al pasado de la Tierra.

Un día en la excavación
La jornada de trabajo comienza temprano. La excavación se realiza con mucho cuidado, capa por capa, en busca fósiles escondidos. Cada nuevo descubrimiento puede llevar días.

El laboratorio al aire libre
En el campo, se suele montar un laboratorio con áreas para limpiar fósiles, mesas para examinarlos y dispositivos para documentar cada hallazgo. Cada uno de ellos se registra con detalle para ayudar a reconstruir la historia antigua.

Herramientas del detective de fósiles

Además de palas y picos, los paleontólogos usan pinceles suaves, espátulas y herramientas dentales para excavar con cuidado, tratando cada fósil como un tesoro que debe protegerse.

Un equipo de misterios antiguos

Una excavación de fósiles es como un grupo de detectives, con un equipo formado por paleontólogos, geólogos, biólogos, estudiantes y hasta voluntarios. Todos aportan su conocimiento y habilidades para descifrar los misterios que cada hueso, cada diente y cada fragmento de fósil guardan sobre la vida antigua.

Cambio climático

El cambio climático está sacando a la luz secretos antiguos escondidos bajo el hielo. Con el deshielo, aparecen huesos de criaturas milenarias.

Guardianes de la historia

Los paleontólogos cuidan cada fósil, sabiendo que incluso el más pequeño puede hacer cambiar lo que sabemos sobre la historia de nuestro planeta. Tras una cuidadosa extracción, comienza el proceso de conservación. Los fósiles se envían a museos o laboratorios donde se limpian, se conservan y a veces se reconstruyen para que podamos admirar estas maravillas de la historia natural.

Arte rupestre. Las primeras imágenes de mamuts

Hace miles de años, cuando los mamuts caminaban por la Tierra, los *primeros artistas humanos* dejaron pruebas de su existencia en impresionantes obras de arte rupestre. Estas pinturas y grabados, escondidos en cuevas y paredes rocosas alrededor del mundo, son un puente hacia la mente y la vida de nuestros antepasados.

¿Qué es el arte rupestre?

El arte rupestre es el conjunto de pinturas y grabados que hicieron los seres humanos prehistóricos en cuevas o rocas, mostrando animales, personas y actividades diarias, lo que nos ayuda a entender su vida y sus creencias.

Mensajes de hace miles de años

Muchas obras de arte prehistórico representan mamuts, señalando la importancia de este proboscidio en la vida de aquel entonces. Las pinturas más antiguas tienen una antigüedad de unos 35 000 años y se hallan principalmente en cuevas de todo el mundo. Las de España y Francia son especialmente destacables.

Materiales y técnicas

Los artistas prehistóricos hacían uso de los materiales que tenían a mano en su entorno natural para crear sus obras. Extraían pigmentos de minerales como el ocre (óxido de hierro), que proporcionaba colores rojos y amarillos, el carbón vegetal para los negros, y el yeso o caolín para los blancos. Estos pigmentos los combinaban con agua, grasa animal o sangre, obteniendo así una pintura capaz de fijarse a las superficies rocosas de las cuevas.

Iluminación

Imagina la oscuridad de una cueva. Para iluminar su «estudio», los artistas prehistóricos utilizaban lámparas de piedra o hueso llenas de grasa animal, que al encenderlas les permitían ver y crear sus obras, incluso en las profundidades subterráneas.

Herramientas para pintar

Para aplicar la pintura, los artistas prehistóricos usaban sus dedos, pero también ramas, plumas o incluso soplaban el pigmento a través de tubos fabricados de hueso o madera. Además, se han descubierto herramientas primitivas que probablemente utilizaban para grabar o raspar las superficies rocosas.

Interpretación científica:

Los investigadores estudian el arte rupestre no solo para admirar su belleza, sino para intentar entender el mensaje o la historia detrás de cada obra. Analizan el tema, los materiales utilizados, las técnicas de dibujo, e incluso la ubicación dentro de las cuevas para deducir su significado y propósito.

Mamuts y humanos: historias de convivencia

Los *primeros humanos* no estaban solos: compartían la Tierra con el resto de los animales, entre ellos los *mamuts*. Aunque no hay evidencia de que los domesticaran, los humanos aprovecharon a los mamuts para su supervivencia, utilizando casi todas las partes de estos gigantes. Piensa en las historias que esos encuentros podrían haber generado, y cómo las personas de entonces usaba su ingenio para convivir con estas imponentes bestias.

Mamuts y humanos

Es imposible saber qué pensaban los humanos antiguos de los mamuts, pero las pinturas que nos han dejado en las paredes de las cavernas nos hacen pensar que los admiraban. Dibujar a estos enormes mamíferos en cuevas de toda Europa parece una señal de que eran importantes no solo en su vida diaria, sino también en sus creencias y su arte.

Lanzas y flechas

Las lanzas eran el principal instrumento en la caza de mamuts. Fabricadas con madera y puntas de piedra, hueso o marfil, debían ser fuertes para penetrar la espesa piel de estos animales.

Recursos prehistóricos

Los colmillos y los huesos de mamut eran especialmente valiosos para los humanos prehistóricos. Se utilizaban para hacer herramientas, armas, figurillas y hasta las estructuras de sus casas.

A la caza de los gigantes

La caza de mamuts fue vital para la supervivencia de los humanos prehistóricos pues les proporcionaba alimento, ropa y diversos materiales. No obstante, esta caza, combinada con cambios climáticos, pudo haber contribuido a la extinción de los mamuts.

Trampas y fosas

Algunas comunidades podrían haber utilizado trampas y fosas para capturar a estos gigantes. Excavando grandes hoyos y cubriéndolos con ramas y hojas, los cazadores conducían a los mamuts hacia la trampa, donde podían ser fácilmente inmovilizados y cazados.

87

¿Resucitar a los gigantes? La clonación de mamuts

Clonar significa crear un organismo genéticamente idéntico a otro. En teoría, si se consigue suficiente información genética de un *mamut*, los científicos podrían usar el *ADN de elefantes* (sus parientes vivos más cercanos) para «rellenar» las partes faltantes y crear un embrión de mamut. Este embrión luego se implantaría en una madre sustituta, probablemente una elefanta, con la esperanza de que naciera un mamut.

La idea de que los mamuts puedan volver a pasear por la Tierra es tan alucinante como llena de preguntas. Algunas personas piensan que sería genial para arreglar cosas que no hicimos bien antes y para aprender un montón de ciencia. Pero otros se preocupan por si está bien hacerlo y qué pasaría después. Lo que sí sabemos es que hablar sobre si clonamos mamuts o no, nos hace pensar mucho sobre cómo cuidamos la naturaleza, qué significa la ciencia para nosotros y cómo debemos tratar a todos los seres vivos.

Argumentos en contra:

🐘 Existen preocupaciones éticas sobre el bienestar de los animales clonados y las madres sustitutas.

🐘 Los críticos argumentan que los recursos utilizados para clonar mamuts podrían ser mejor empleados en la conservación de especies amenazadas que aún viven.

🐘 La reintroducción de una especie extinta podría tener consecuencias imprevistas en los ecosistemas actuales.

Argumentos a favor:

🐘 Algunos argumentan que la clonación de mamuts podría ayudar a preservar los elefantes actuales al proporcionar información genética valiosa.

🐘 Otros sugieren que los mamuts podrían ayudar a restaurar las antiguas estepas del Ártico, un proceso conocido como «desextinción» que podría tener beneficios ambientales.

🐘 La investigación necesaria para clonar mamuts podría impulsar avances en genética y medicina.

Mamuts y cambio climático

Conocer la *historia de los mamuts* y cómo el cambio climático afectó a su supervivencia nos ayuda a entender lo importante que es cuidar nuestro planeta. Lo que les pasó a estos animales nos muestra las consecuencias que tienen los cambios en el clima para *todos los seres vivos*. Cuidar el medio ambiente es cuidar al ser humano y a nuestros amigos.

Aunque la mayoría de *los mamuts se extinguieron* hace aproximadamente 10 000 años, al final de la última Edad de Hielo, pequeñas grupos lograron resistir en lugares aislados, como en algunas islas del Ártico. Dos de estos refugios son famosos: *la isla de Wrangel*, en el océano Ártico, cerca de Siberia, y *la isla de San Pablo*, en el mar de Bering. Estos refugios son vitales para comprender cómo las especies pueden adaptarse (o no) a condiciones extremas. Nos ofrecen lecciones sobre los efectos del cambio climático y la importancia de la diversidad genética, enseñanzas fundamentales para la conservación actual.

Los mamuts disponían de abundante hierba para comer, pero con el calor, esos grandes pastos se convirtieron en bosques. Imagina que te encantan las hamburguesas y de repente solo hay ensaladas. Algunos mamuts intentan mudarse a lugares más frescos, pero no es fácil con tantos cambios. Además, los humanos comienzan a cazarlos, lo que complica aún más la vida de estos gigantes peludos.

Una línea del tiempo climática:

Hace mucho tiempo (Hace 2.6 m.a.)

Comienza la Edad de Hielo. El mundo es un lugar frío y los mamuts están en su salsa, con mucho espacio para correr y abundante alimento.

Sube y baja el termómetro (Hace 1 m.a.):

El clima oscila, alternando entre periodos cálidos y fríos. Los mamuts son viajeros expertos y se adaptan, mudándose de un lado a otro según el clima.

Se va calentando (Hace 15 000 años):

El mundo comienza a calentarse mucho. Es el final de la última era de hielo. Los lugares fríos donde a los mamuts les encantaba vivir empiezan a desaparecer y en su lugar crecen bosques.

Grandes migraciones (Hace 10 000 años):

El hielo casi ha desaparecido y los mamuts tienen menos lugares donde vivir. Además, encuentran nuevos animales y humanos por todas partes. Es un mundo completamente diferente.

🦣 Isla de Wrangel

La isla de Wrangel albergó uno de los últimos grupos de mamuts lanudos, extinguidos hace unos 4000 años. Este hecho sorprendente significa que mientras se construían las grandes pirámides de Egipto, aún había mamuts vagando por la Tierra. Los científicos creen que Wrangel ofrecía un *hábitat estable y aislado* que protegió a los mamuts de los cambios climáticos y de la presencia humana. Sin embargo el cambio ambiental, la escasez de recursos y una vulnerabilidad genética condujeron a su extinción.

🦣 Isla de San Pablo

Los mamuts de esta isla *perduraron hasta hace unos 5 600 años*. La disminución paulatina de agua dulce, vital para su supervivencia, a causa de los cambios climáticos y la subida del nivel del mar, sentenciaron su destino.

Mamutmanía: los mamuts en la cultura popular

Desde pinturas rupestres hasta la gran pantalla, los mamuts han **fascinado a la humanidad**. No solo encontramos a estos gigantes lanudos en los libros de ciencia o en los museos, también son los protagonistas de películas, libros, cómics, etc. Estos majestuosos animales han capturado la imaginación de generaciones y se han convertido en iconos de la aventura y el misterio.

Hoy en día, *esculturas de mamuts* adornan parques y museos alrededor del mundo, sirviendo como homenaje a su grandeza y como recordatorio de su trágica extinción.

Numerosos *documentales* han explorado la vida, la extinción y hasta el dilema de la posible clonación de los mamuts, acercando al público general a los últimos avances científicos y debates éticos relacionados con estos seres prehistóricos.

Posiblemente, la aparición más famosa de mamuts en la cultura popular reciente es a través del personaje de Manny en la serie de películas animadas *La Edad de Hielo*. Estas películas no solo entretienen sino que también despiertan en los niños y adultos curiosidad sobre la vida durante la prehistoria.

Desde *equipos deportivos hasta marcas comerciales*

Los mamuts han sido adoptados como mascotas y símbolos de fuerza, resistencia y nobleza.

Mammoth Mountain es una popular ***estación de esquí*** en California, Estados Unidos, que utiliza un mamut como parte de su logotipo, simbolizando la grandeza y la fuerza de las montañas.

El ***equipo de hockey sobre hielo*** Mammoth de Colorado de la Liga Nacional de Lacrosse (NLL) también adopta la imagen de un mamut como símbolo de vigor y resistencia.

A lo largo del mundo, ***festivales y exposiciones*** dedicados a la prehistoria y la paleontología a menudo destacan a los mamuts como protagonistas principales, atrayendo a personas interesadas en aprender sobre estos magníficos animales y su entorno.

Los mamuts también han inspirado a ***artistas contemporáneos***, quienes los han representado en gran variedad de estilos y medios, desde esculturas y murales hasta arte digital, a menudo como símbolos de perdurabilidad, memoria y relación del hombre con la naturaleza.